居家科学健身方法指导丛书

儿 童

居家科学健身方法指导

国家体育总局体育科学研究所　主编

崔新雯　李　良　编著

人 民 邮 电 出 版 社

北 京

图书在版编目（CIP）数据

儿童居家科学健身方法指导 / 国家体育总局体育科学研究所主编；崔新雯，李良编著. -- 北京：人民邮电出版社，2020.5
（居家科学健身方法指导丛书）
ISBN 978-7-115-53637-2

Ⅰ. ①儿… Ⅱ. ①国… ②崔… ③李… Ⅲ. ①儿童－健身运动－基本知识 Ⅳ. ①G883

中国版本图书馆CIP数据核字(2020)第047060号

免责声明

内 容 提 要

《儿童居家科学健身方法指导》由国家体育总局体育科学研究所科学健身专家倾力打造，书中不仅涵盖了适合儿童居家进行的热身、拉伸活动，介绍了儿童居家锻炼的科学知识，还提供了62个针对儿童生长发育特点的居家动作练习，以及11个设计科学的儿童居家健身方案，能够全面提升儿童的柔韧素质、灵敏协调素质、平衡能力、力量素质和心肺耐力，帮助他们拥有挺拔的身姿，告别肥胖。

对于儿童和家长来说，本书是一本方便实用的居家健身工具书；对于学校体育老师、从事儿童身体训练与健康促进相关工作的教练和研究人员来说，本书也具有一定的参考价值。

◆ 主　　编　国家体育总局体育科学研究所
　　编　　著　崔新雯　李　良
　　责任编辑　裴　倩
　　责任印制　周昇亮

◆ 人民邮电出版社出版发行　　北京市丰台区成寿寺路 11 号
　　邮编　100164　　电子邮件　315@ptpress.com.cn
　　网址　https://www.ptpress.com.cn
　　天津图文方嘉印刷有限公司印刷

◆ 开本：700×1000　1/16
　　印张：7　　　　　　　　　　2020 年 5 月第 1 版
　　字数：146 千字　　　　　　2020 年 5 月天津第 1 次印刷

定价：39.80 元

读者服务热线：(010)81055296　印装质量热线：(010)81055316
反盗版热线：(010)81055315
广告经营许可证：京东工商广登字 20170147 号

丛书序

己亥年末、庚子年初，一场突如其来的新型冠状病毒肺炎疫情打破了往年春节喜庆祥和的气氛。疫情就是命令，防控就是责任。为尽早打赢病毒阻击战、歼灭战，广大人民群众积极响应号召选择居家生活和居家办公，尽可能远离病毒传染源，尽可能减少聚集。

但随着居家时间的延长，室内活动范围狭小、久坐少动，再加上美食诱惑等不利因素，导致群众的体重、体脂含量容易快速增加，高血脂、高血压和糖尿病等慢性疾病的发生率也容易相应升高。长期居家，焦虑、压抑等不良心理容易累积，这很可能会有损免疫能力。对于儿童青少年来说，待在家中时间较长，缺少必要的体力活动，长时间看电视、玩电子游戏，看书、写作业时坐姿不端正等，将会使视力水平下降、近视发生率增加、滋生烦躁等负面情绪。

为满足广大人民群众居家科学健身的迫切需求，提高体质健康水平，增强机体免疫力，调节长期居家生活导致的不良心理，国家体育总局体育科学研究所组织有关专家围绕不同人群居家健身的需求特点，创编了"居家科学健身方法指导丛书"。尽管本丛书创编于疫情期间，但也完全适用于平常时期的居家健身。

本丛书涵盖儿童、青少年、成年人和老年人全年龄段人群，针对不同人群的生理特点、健身需求和体质健康所面临的问题进行创编。每本书均包括居家科学健身基本理论、运动前热身理论与方法、居家科学健身方法、运动后拉伸放松理论与方法，以及针对性的居家科学健身方案。居家科学健身基本理论知识浅显易懂；健身方法动作简单、实用，可居家练习，动作具有配图，且大部分可扫二维码观看；居家健身方案针对性强，为具体问题提供了切实可行的健身解决方案，读者可根据实际需要选择练习。

国家体育总局体育科学研究所

在线视频访问说明

　　本书提供61个动作练习的视频，您可以通过微信的"扫一扫"功能，扫描本书中的二维码进行观看。

　　步骤1： 点击微信聊天界面右上角的"+"，弹出功能菜单（如图1所示）。

　　步骤2： 点击弹出的功能菜单上的"扫一扫"，进入该功能界面，扫描书中动作旁边的二维码。

　　步骤3： 如果您未关注"人邮体育"公众号，在第一次扫描后会出现"人邮体育"的二维码（如图2所示）。关注"人邮体育"公众号之后，点击"资源详情"（如图3所示）即可观看动作视频。

　　如果您已经关注了"人邮体育"微信公众号，扫描后可以直接观看视频。

图1

图2

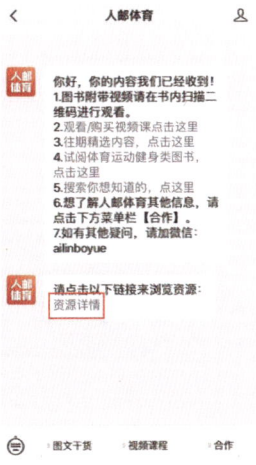

图3

特殊说明：

1.本书中的大部分动作都有一个对应的动作视频二维码。

2.考虑到部分动作练习的单次演示时间较短和动作难度较大的情况，同时为了达到更好的指导效果，动作视频将重复演示动作练习若干次。此外，为了更好地展示动作细节，部分动作视频将从不同角度或书中演示侧的对侧演示动作练习并重复若干次。

目录

第 4 章　儿童居家健身后的拉伸　76

第 5 章　儿童居家健身方案　86

第1章

科学健身
与儿童生长发育

运动健身在儿童的生长发育、身体素质、体质健康水平等方面发挥着重要的积极作用。了解儿童的生长发育特点以及各项身体素质的发展特点，能够帮助儿童更科学、更高效地进行居家锻炼。

1.1 儿童生长发育的特点

生长是指身体的各组织器官在形态结构上的变化。发育是指各器官系统在生理功能上的成熟。两者相互依存，是儿童时期的重要特点。

儿童身体形态的生长发育特点

身体形态有两个生长发育突增期。第一次突增期是胎儿时期，身高和体重快速增加，出生后的两年内增速仍较快，而后增长速度下降并保持稳定。10～12岁进入青春发育前期，这时出现第二个生长发育突增期，在此期间身高一般年增长8～10厘米，体重一般年增长5～6千克。这是人体成熟前的一个迅速生长阶段，之后的增长速度逐渐缓慢，直到发育成熟，身高停止增长。在第一次生长发育突增期时，由胎儿时期的较大的头部、较长的躯干和较短小的四肢，成长为儿童时期身体比例较匀称的体形。在第二次生长发育突增期时，儿童的下肢率先发育，再向躯干发育，最后逐渐长成头部较小、躯干较短、下肢较长的体形。

儿童身体机能的生长发育特点

儿童时期，各器官系统的发育特点不同。在运动系统中，儿童的骨骼弹性大而硬度小，关节灵活性大而稳定性差，肌肉弱小且易于疲劳。因而，安全有效的运动健身应以发展灵敏性、柔韧性、协调能力的练习为宜，不应进行长时间且高强度的力量和耐力训练。

在心血管系统发育过程中，儿童的心脏发育还不够完善，心脏的收缩和舒张功能较弱，血管弹性较大。同时，儿童的心血管系统机能还存在一定的性别差异，女孩的相比同龄男孩略差，运动时心血管的反应较明显。因而，儿童时期进行强度较低的耐力练习，以发展心血管机能是十分必要的。

在呼吸系统发育过程中，儿童的肺发育不完善，肺容量较小，肺内组织的弹性较差，呼吸肌的力量较弱，肺通气能力较小，因而易疲劳，不宜进行长时间高强度的运动。此时期进行强度较低的有氧运动可以有效发展呼吸机能，但要避免憋气和静力性练习，同时注意培养用鼻呼吸的卫生习惯，有意识地注意增大呼吸深度，尤其是呼气的深度。

人体神经系统的发育较早，在7～8岁时，脑功能便趋于完善并逐渐复杂化，但神经活动的过程仍不稳定，主要表现为兴奋性高，抑制过程不足，这使儿童的精细分析能力较差，注意力难以集中，运动时缺乏良好的协调性和精准性，多余动作较多。儿童时期，神经活动过程的灵活性高，但耐力差，易疲劳。此外，儿童对直观具体的信号理解能力较强，善于模仿，而对复杂抽象的信号理解能力较差，综合分析能力发展不完善，直至9岁以后，才进一步发展。因而，针对上述特点，在运动中家长或老师宜多采用直观的动作演示及通俗易懂的语言进行教育，练习内容生动活泼且多样化，避免长时间使用单一的练习方法，运动过程中注意适当休息调整。

1.2　科学健身对儿童身心发展的意义

科学健身是儿童健康成长的重要保障，其对儿童身心发展的意义主要表现在以下 6 个方面。

改善身体成分

大量研究显示，科学规律的体育运动有助于促进儿童生长发育和提高体质健康水平。相比不经常参加体育运动的儿童，积极参加体育运动的儿童的身高平均高出约 4 厘米，体重重出约 3 千克。同时，长期坚持体育锻炼可以减少皮下脂肪的聚集，促进脂肪消耗并增加肌肉重量，明显改善儿童的身体成分，使儿童可以协调匀称地发育，促进了形体美，避免了超重肥胖的发生。

强壮骨骼生长

儿童时期科学规律的运动，可明显改善骨骼的营养状况，促进骨骼纵向、横向的生长，提高骨骼的重量和骨密度，有利于儿童快速长高，且拥有坚实的骨质。科学研究显示，长期参加运动训练的儿童股骨的骨密质比同龄儿童厚 0.5 ~ 3 毫米，骨松质中骨小梁的排列更整齐，骨骼能够承受更大的压力。

增强肌肉力量

运动加快了血液循环，使肌肉得到了更多的营养物质，有助于肌肉的生长发育。

同时，儿童时期的运动可以促进运动神经元的募集，表现为肌肉力量的增强。科学研究发现，进行系统的、负荷适当的力量训练可以使儿童右手握力水平平均每年增长约 5.6 千克，而同龄无训练的儿童仅为 1.1 千克。

发展心肺功能

儿童的心血管系统和呼吸系统发育尚不完善，长期处于静坐状态不仅不利于儿童心肺功能的发展，还会为成年后的心血管疾病风险埋下隐患，而适度的运动可以通过提高心肌收缩能力，加大呼吸深度和频率，增加心输出量，发展心肺功能。国内外研究表明，儿童时期规律的有氧运动可以使每搏输出量、心输出量、射血分数、肺活量等都表现出明显的提高，这对于发展儿童心血管机能和呼吸机能是必要的。

促进大脑发育

运动可以为大脑提供充足的能量物质和氧气，改善大脑工作的营养供给；运动可以促使大脑的兴奋与抑制过程合理交替，避免了神经系统的过度紧张，缓解大脑的疲劳状态；运动可以提高反应速度。这些对于儿童时期大脑的健康发育和学习能力、运动能力的提高都是大有意义的。

培养健全心理

儿童的情绪控制能力和稳定性较差，易受外界干扰而产生心理波动。而运动可以丰富儿童的生活，形成良好的情绪体验；培养儿童坚韧的意志品质，提升自尊，降低抑郁；运动可以教会他们正确面对输赢，提高抗压能力。这些促使了儿童健全心理的形成，提高了儿童的社会适应能力。

1.3 儿童时期身体素质的发展特点

身体素质是人体在运动过程中表现出的柔韧、力量、耐力、灵敏、平衡、协调能力。儿童时期身体素质的发展有助于儿童运动能力的提高，也影响着儿童的体质健康水平。儿童时期身体素质的发展特点如下。

柔韧素质

柔韧素质体现在人体完成各动作时关节的活动范围和伸展能力。儿童时期人体柔韧性较高，伸展能力大，随着年龄的增加，柔韧性逐渐降低。儿童时期是发展柔韧素质的敏感期，所谓身体素质发展的敏感期，是指自然增长最快的年龄阶段，在此阶段通过有效的方法和手段充分利用身体发育的优势，可以发掘身体潜力，达到良好的练习效果。科学的运动对柔韧性的提高至关重要。

速度素质

速度素质可分为反应速度、动作速度和位移速度，分别指人体对外界信号刺激做出反应的速度、身体完成特定动作的速

度以及单位时间内人体所通过的距离。儿童在6～12岁时，反应速度大幅提高，至12岁时达到第一次高峰。9～13岁时动作速度和移动速度快速提升，由于此时也是协调性发展的最佳时期，合理的运动训练有助于二者相互促进、协同提高。儿童进行速度素质的练习时，训练强度应控制在中低水平，且间歇时间要充足，以确保肌肉的充分恢复。同时，要充分利用儿童时期柔韧素质、力量素质和协调素质的发展对速度素质的提升作用，重视全面身体素质的练习。

力量素质

力量素质是指人体肌肉收缩和舒张时克服阻力的能力，是人体身体活动的基本要素，其发展的敏感期是女孩11～15岁，男孩12～16岁。一般通过发展速度力量、绝对力量和力量耐力来提高力量素质。儿童时期，是速度力量发展的关键时期，绝对力量的增长相对于速度力量较晚，一般出现在10～13岁。儿童时期发展力量素质，以速度力量为主，同时，可以进行低强度的自重力量练习，并着重发展大肌肉群的力量。儿童时期的力量练习要特别注意避免局部负荷过大，练习要有渐进性，防止运动损伤。

灵敏素质

灵敏素质反应了人体在迅速变换的条件下，通过快速、准确、协调地改变方向和位置，顺利完成动作的能力，是身体素质在运动过程中的综合体现。儿童时期是

发展灵敏素质的关键时期，7～9岁时，灵敏素质发展最快，该阶段协同发展反应能力、动作速度、平衡能力和节奏感都会为灵敏素质的提高提供有利的帮助。此外，在儿童时期灵敏素质的性别差异不大，但随着青春期的到来，男孩的优势逐渐显现出来，因而在儿童时期，应更加重视对女孩灵敏素质的训练。这一时期，通过掌握多种运动技能，培养多种运动能力，增加多种运动经验，以促进儿童灵敏素质的充分发展。

协调素质

协调素质反应了中枢神经系统对肌肉合理而精细的支配能力，7～13岁是儿童发展协调能力的敏感期，此时应着重培养儿童的反应能力、高频率活动能力、空间感觉能力、平衡能力及节奏感。在某一组合动作熟练掌握的情况下，利用不习惯的动作组合，改变原有的适应，加大反向练习，加大动作难度，使原有的习惯动作复杂化。此外，还可以通过加大空间、距离感觉的训练，提高儿童对动作的控制能力。

耐力素质

耐力素质是指机体保持特定强度负荷或动作质量的长时间工作的能力，可以分为心肺耐力和肌肉耐力。根据儿童身体发育的特点和规律，随着年龄的增长，儿童的心肺功能不断提高，其耐力素质也随之提高。耐力素质发展的敏感期是男孩10～17岁，女孩9～14岁和16～17岁。儿童时期，适合进行低强度的，以提高心肺功能和体质健康为目的的有氧练习，且练习的内容手段应具有多样性、趣味性和娱乐性。

第 2 章

儿童居家
健身前的热身

正确热身是居家锻炼前不容忽视的环节。错误的热身活动不仅不能让儿童获得理想的居家锻炼效果，反而可能会导致运动损伤。因此，了解热身活动的意义，学会科学的热身方法至关重要。

2.1 热身活动的意义

人体由安静状态突然进入运动状态时，由于肌肉温度偏低，血液循环缓慢，身体容易受伤。正式运动前，需要进行一定时间的准备活动，我们将这种准备活动称为热身，其意义主要有以下 3 个方面。

预防运动损伤

热身活动可以提高血液循环速度，升高体温，降低肌肉、韧带和肌腱的粘滞性，增加关节活动范围，从而有利于降低关节、韧带和肌肉的损伤概率。

提高运动效果

热身活动调动了神经系统的兴奋过程，加快了神经冲动的传导，有助于提高肌肉的工作效率。热身活动可以促进氧气和营养物质的运输，保证能量代谢满足运动的需求，为肌肉工作创造条件，从而使身体收获良好的运动效果。

调节心理状态

热身活动不仅能调动身体进入运动状态，同时也是对心理的暗示，让自己轻松自如地准备进入运动状态，接受运动的开始，提高运动的信心，促成良好的运动体验。

2.2 热身活动的注意事项

儿童热身时应注意的事项主要包括以下 4 个方面。

安全性

安全性是热身活动的首要原则，是指必须确保儿童在热身活动中的运动幅度、动作难易程度以及运动场地的情况都应在安全可控的范围内。此外，最好有家长陪同，以防损伤的发生。

适度性

为确保运动安全有效，运动强度必须控制在适宜范围之内，要根据儿童的身体发育水平逐渐增加练习负荷，注意性别差异和个体差异，调整合适的练习持续时间和组数。儿童的神经灵活性较高，机能动员的速度相对较快，进入工作状态的时间较短，所以热身活动的时间可以缩短。冬季气温低，热身活动可以适当延长，以充分调动身体各器官系统的功能水平。

渐进性

人体由安静状态过度到运动状态，是各器官系统逐步适应的过程，因此热身需要注意循序渐进，最好运动量由小开始，逐渐增加，达到刚好出汗的效果，不能太剧烈，以免过早产生疲劳感。

多样性

儿童的大脑兴奋过程强烈但抑制能力薄弱，对新鲜事物充满好奇，但专注的持久性差。因此，热身活动应多种多样，快速调动儿童的运动兴趣。

2.3 热身练习

目标肌群
股四头肌
小腿三头肌
臀肌
踝部肌群

热身 | 双脚前后跳

1

重心位于前脚掌

2

背部挺直

腹部收紧

扫描二维码
看动作视频

3

双臂自然前后摆动

节奏由慢变快，
至最快速度

1 运动姿站立，双臂收于身体两侧，重心位于前脚掌。

2 有节奏且连续地向前、向后快速小跳。

3 双脚前脚掌着地后再次迅速跳起。控制节奏由慢变快，至最快速度，并尽可能保持几秒再减速。跳跃过程中双臂自然前后摆动。跳跃结束后可以继续向前跑动进行放松（图片和视频中并未展示跑动的动作），完成一次练习。按要求完成规定的时间。

17

热身 | 双脚左右跳

目标肌群
股四头肌
小腿三头肌
臀肌
踝部肌群

1

双臂屈肘收于
身体两侧

2

腹部收紧

扫描二维码
看动作视频

3

节奏由慢变快，
至最快速度

1 运动姿站立，双臂屈肘收于身体两侧，重心位于前脚掌。

2 有节奏且连续地向左、向右快速小跳。

3 双脚前脚掌着地后再次迅速跳起。控制节奏由慢变快，至最快速度，并尽可能保持几秒再减速。跳跃结束后可以继续向左或向右侧滑步进行放松（图片和视频中并未展示滑步的动作），完成一次练习。按要求完成规定的时间。

热身 | 2 英寸* 碎步跑

目标肌群
股四头肌
小腿三头肌
臀肌
踝部肌群

扫描二维码
看动作视频

运动姿站立，双脚间距略比肩宽，手臂呈前后摆臂状，重心位于前脚掌。保持背部挺直，以最快的频率进行碎步运动。手臂始终保持较慢的摆臂频率。控制脚步节奏由慢变快，至最快速度，并尽可能保持几秒再减速，且尽可能保持上下肢的协调性。碎步运动结束后可以继续向前跑动进行放松（图片和视频中并未展示跳动动作），完成一次练习。完成规定的时间。

背部挺直

手臂始终保持较慢的摆臂频率

节奏由慢变快，至最快速度

* 注：2 英寸约等于 5 厘米。

热身 | 双脚前后交替跳

目标肌群
股四头肌
小腿三头肌
臀肌
踝部肌群

扫描二维码
看动作视频

① 背部挺直

② 双臂自然摆动

③

1. 运动姿站立，双臂屈肘收于身体两侧，重心位于前脚掌。

2. 有节奏且连续地双脚前后交替跳，同时双臂自然摆动。

3. 以最快的速度重复跳跃，完成规定的次数。

以最快的速度重复跳跃

热身 | 原地军步走

目标肌群
髋部肌群
小腿三头肌
臀肌
踝部肌群

背部挺直

腹部收紧

自然摆动

扫描二维码
看动作视频

1 直立，双脚间距小于肩宽，双臂自然垂
于身体两侧。

2 抬一侧腿至大腿与地面平行或高于水平
面，脚尖勾起，双臂自然摆动，呈高抬
腿踏步姿势。

3 抬起腿落地的同时，支撑腿用力蹬地抬
起，双腿交替进行，完成规定的时间。

21

热身 │ 垫步直腿跳

目标肌群
肩部肌群
髋部肌群
小腿三头肌

扫描二维码
看动作视频

①

背部挺直

腹部收紧

②

对侧手触碰脚尖

原地垫步

③

1 直立，双脚分开，双臂自然垂于身体两侧。

2 抬一侧腿屈髋伸膝，并用对侧手触碰抬起腿的脚尖，同时支撑腿快速做一个原地垫步动作。

3 抬起腿落地垫步的同时换另一侧腿抬起并用对侧手触碰脚尖。双腿交替进行，完成规定的次数。

热身 │ 振臂跳

目标肌群
肩部肌群
髋部肌群
小腿三头肌

扫描二维码
看动作视频

1 背部挺直

腹部收紧

2 伸直举过头顶

3 向前垫步

1 直立，双脚分开，双臂自然垂于身体两侧。

2 双脚跳动，抬一侧腿屈髋屈膝至大腿与地面平行或高于地面，并抬对侧手臂伸直举过头顶，同时支撑腿快速做一个向前垫步的动作。

3 重心前移，抬起腿向前落地并跳动的同时，换另一侧完成抬膝动作。双腿交替进行，完成规定的次数或时间。

第3章

儿童居家健身
练习方法

热身之后，即可开启居家健身运动。本章提供了适合儿童居家进行的柔韧素质练习、灵敏协调素质练习、平衡能力练习、力量素质练习和心肺耐力练习，快来挑战吧！

3.1 柔韧素质练习

柔韧 | **屈伸手腕**

目标肌群
腕部屈肌
腕部伸肌

扫描二维码
看动作视频

向身体方向拉
右手手指

向身体方向拉
右手手指

1 直立，双脚间距略比肩宽，腹部收紧，挺胸抬头，目视前方。

2 双臂前平举，左手抓住右手的手指，右手手指朝下、掌心朝内，左手向身体方向拉动右手手指，直至腕部伸肌有中等程度的拉伸感。

3 右手手指朝上、掌心朝外，左手抓住右手手指向身体方向拉动，直至腕部屈肌有中等程度的拉伸感。保持拉伸动作，直至达到规定的时间，对侧亦然。

多角度图

柔韧 | 三角肌前束主动拉伸

扫描二维码
看动作视频

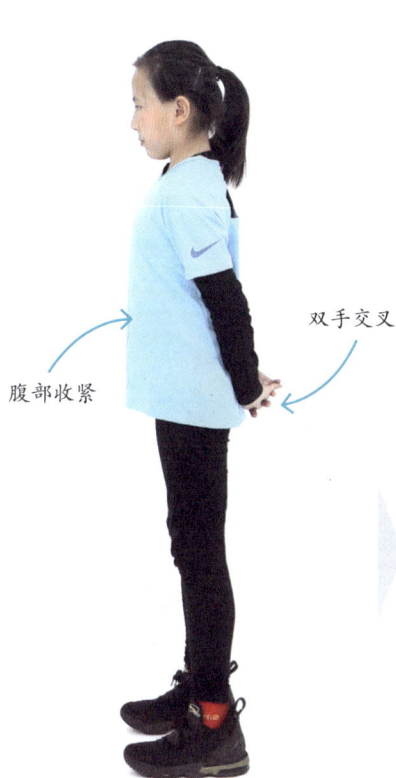

1

腹部收紧

双手交叉

2

双臂向后伸展上提

1. 直立，双脚间距约与肩同宽，腹部收紧，挺胸抬头，双手交叉置于臀部后方，目视前方。

2. 躯干不动，双臂沿身体后侧抬起，直至三角肌前束有中等程度的拉伸感。保持拉伸动作，直至达到规定的时间。

柔韧 ｜ 站姿胸椎旋转

目标肌群
背阔肌
肩部肌群

1

膝盖不超
过脚尖

2

扫描二维码
看动作视频

向右旋转

3

向左旋转

1 直立，双脚间距略比肩宽，双膝微
屈，膝盖不超过脚尖；屈髋，背部
挺直，双手交叉放在脑后。

2 保持下肢与髋关节的稳定，以胸椎
为轴，头部及躯干向右旋转，直至
目标肌群有中等程度的拉伸感，拉
伸动作持续2秒。

3 换至对侧，两侧交替进行，直至完
成规定的次数。

柔韧 | 猫狗式

目标肌群
背阔肌
菱形肌
腹肌
肩部肌群

背部挺直

扫描二维码
看动作视频

尽可能向下弯曲

1 俯身跪姿，双臂伸直，双手撑地，指尖朝前；背部挺直，与地面基本平行；目视双手之间。

2 在呼气的过程中，腰背部尽可能地向下弯曲，头部抬起，拉伸动作持续2秒左右。

尽可能向上拱起

3 收腹收臀的同时吸气，腰背部尽可能地向上拱起。循环进行，完成规定的次数。

收腹

柔韧 | **仰卧式双膝紧抱**

目标肌群
躯干伸肌
背阔肌
菱形肌
臀肌

扫描二维码
看动作视频

头部与肩部离地

1 仰卧，头部与躯干紧贴地面；双腿屈髋屈膝，双脚踩地；双臂自然置于身体两侧贴地，双手张开，掌心朝下。

2 双手交叉抱住双膝下部，将双腿拉向胸部，同时头部与肩部离地，贴近双膝，直至目标肌群有中等程度的拉伸感。保持拉伸动作，直至达到规定的时间。

多角度图

柔韧 | 股四头肌行进拉伸

目标肌群
股四头肌

①

②

腹部收紧

向后屈膝

③

全脚掌撑地

手臂上举

扫描二维码
看动作视频

1 直立，双脚间距略小于肩宽，腹部收紧，抬头挺胸，目视前方。

2 左脚全脚掌撑地，左腿成为支撑腿；右腿向后屈膝，右手抓住右脚脚背或脚踝将其拉向臀部；同时左臂上举，右手用力拉伸右腿股四头肌，拉伸动作持续1～2秒。右脚向前落地。

3 换至对侧，两侧交替进行，完成规定的次数。

柔韧 | 动态侧向伸展

目标肌群
背阔肌
躯干屈肌

扫描二维码
看动作视频

伸直举过头顶

腹部收紧

1 直立，双脚间距略比肩宽，腹部收紧，挺胸抬头，右臂伸直举过头顶，左手叉腰，目视前方。

2 躯干向左侧屈，右臂向左侧倾斜，右手掌心朝下，直至目标肌群有中等程度的拉伸感。换至对侧，双臂交替，完成规定的次数。

躯干侧屈

柔韧 | 后交叉弓步

目标肌群
阔筋膜张肌
臀大肌
髂胫束

①

前平举
腹部收紧

②

③

扫描二维码
看动作视频

膝盖不超过脚尖

重心在前脚

④

⑤

1 直立，双脚间距约与肩同宽，腹部收紧，背部挺直，双臂前平举。

2 右腿后撤一步置于左腿后方约45度位置，双腿呈交叉站立姿势。

3 深蹲至感受到左腿外侧肌肉有中等强度的拉伸感，拉伸动作持续1～2秒。

4 慢慢起身，直至回到步骤2的动作。

5 双臂放下，置于身体两侧，右脚收回，恢复站立姿。两侧交替进行，完成规定的次数。

柔韧 | 斜抱腿

目标肌群
大腿外侧肌群

扫描二维码
看动作视频

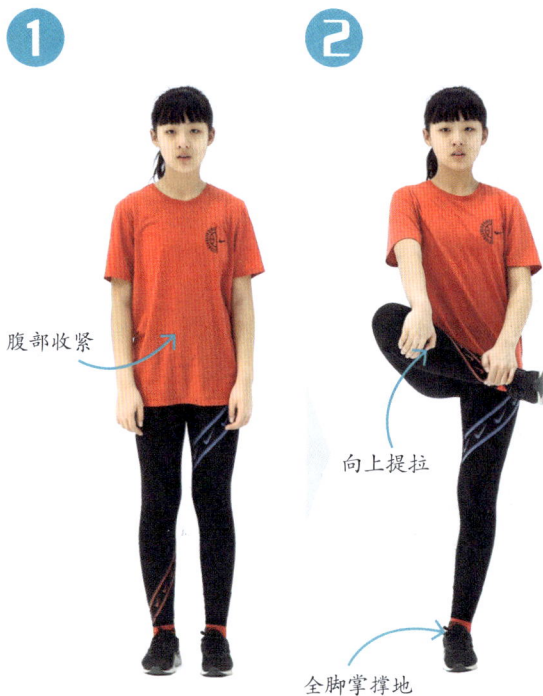

腹部收紧

向上提拉

全脚掌撑地

1️⃣ 直立，双脚间距约与肩同宽，腹部收紧，抬头挺胸，目视前方。

2️⃣ 右膝尽量向上抬，右手扶右膝，左手扶脚踝呈"摇篮"状，缓慢用力向上提拉；同时左脚全脚掌撑地，收紧支撑腿一侧的臀大肌；保持背部挺直，拉伸动作持续1～2秒。右脚向前落地。

3️⃣ 换至对侧，交替进行，完成规定的次数。

尽量抬高

支撑腿一侧的
臀大肌收紧

多角度图

保持背部
挺直

柔韧 ｜ 三角式

目标肌群
内收肌
胸腰椎回旋肌
躯干伸肌

扫描二维码
看动作视频

①

侧平举

脚尖朝前　　　　脚尖朝左

②

伸直指向天空

触及脚背或脚踝

1. 直立，双脚分开站立，双腿伸直，右脚脚尖朝前，左脚脚尖朝左；双臂侧平举，目视前方。

2. 双臂不动，身体向左侧倾斜，直至左手触及左脚脚背或脚踝，目标肌群有中等程度的拉伸感；同时右臂伸直指向天空，目视右手方向。保持拉伸动作，直至达到规定的时间，对侧亦然。

柔韧 ｜ 燕式平衡

目标肌群
腘绳肌

扫描二维码
看动作视频

①

腹部收紧

②

侧平举

③

臀部收紧

支撑腿微屈

1 直立，双脚间距小于肩宽，腹部收紧，挺胸抬头，目视前方。

2 双臂侧平举，与身体约呈90度，双手握拳，大拇指伸直始终朝上。

3 俯身并向后抬起右腿，右侧臀部收紧，尽量保持头部、臀部与右脚脚踝呈一条直线；整个拉伸动作持续1～2秒，换至对侧，双腿交替，直至完成规定的次数。

柔韧 ｜ 四肢走

目标肌群
腘绳肌
腓肠肌

扫描二维码
看动作视频

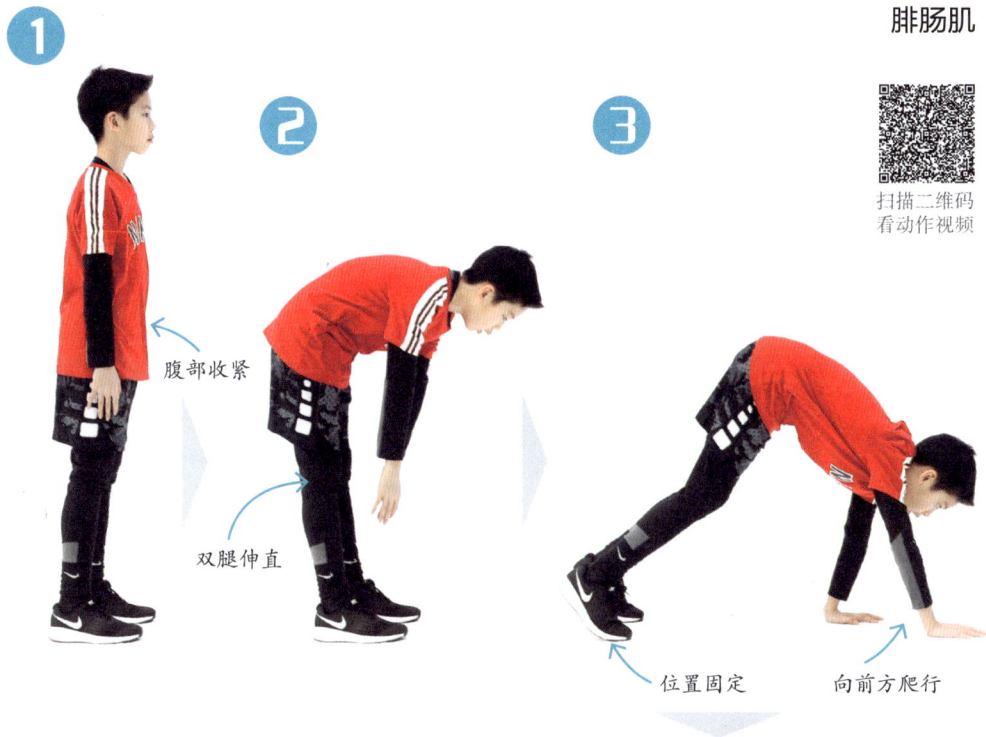

腹部收紧

双腿伸直

位置固定　　向前方爬行

双腿伸直

1. 直立，双脚间距约与肩同宽，腹部收紧，挺胸抬头，目视前方。

2. 屈髋弯腰，双臂伸直向下，双腿伸直。

3. 双手撑地，指尖朝前，保持双脚位置固定，向身体前方爬行；同时双腿尽量保持伸直状态，始终感觉腿部后侧肌肉有较强的拉伸感。

4. 双手移至尽量远的位置，保持双手位置固定，双腿伸直，双脚向双手方向行走，直至形成直立站姿。完成规定的次数或时间。

柔韧 | **最伟大拉伸**

目标肌群
髋关节屈肌
腘绳肌
腓肠肌
臀大肌

扫描二维码
看动作视频

①

腹部收紧

②

向前迈步

③

脚尖
撑地

伸直

尽量贴近脚内侧

④

双臂呈一条直线

⑤

伸直

1. 直立，双脚间距约与肩同宽，腹部收紧，挺胸抬头，目视前方。

2. 左脚向前迈步，呈左弓步。

3. 右腿伸直，右脚脚尖撑地。腿部不动，俯身，右手手掌撑地，左肘尽量贴地置于左脚内侧，拉伸动作持续 1 ~ 2 秒。

4. 左臂从左腿内侧向上外展，目视左手，双臂呈一条直线，拉伸动作持续 1 ~ 2 秒。

5. 左臂收回，双手置于左腿大腿两侧，指肚触地；左腿从屈膝变为伸直，脚后跟撑地，脚尖绷起，拉伸动作持续 1 ~ 2 秒。恢复初始姿势，双腿交替，直至完成规定的次数。

柔韧 | 股四头肌和屈髋肌群拉伸

目标肌群
股四头肌
屈髋肌群

扫描二维码
看动作视频

①

屈膝约呈90度

②

向身体前侧推髋

1 呈前后腿半跪姿势；左腿在前，屈膝约呈90度；右腿在后，右膝着地，右手握住右脚脚背；背部挺直，左臂向上伸直举过头顶。

2 右手尽量将右脚拉向右侧臀部，身体慢慢前倾，直至右腿股四头肌和屈髋肌群有中等程度的拉伸感，拉伸动作持续2秒左右。恢复初始姿势，换至对侧，双腿交替，直至完成规定的次数。

3.2 灵敏协调素质练习

灵敏协调 | **左右前后跳**

目标肌群
髋部肌群
小腿三头肌

扫描二维码
看动作视频

双脚间距约与肩同宽

1 双脚平行于标志线站立，双脚间距约与肩同宽。

2 双脚蹬地，侧向跳过标志线。

3 接着跳回，调整成面向标志线站立。

4 双脚蹬地，向前跳过标志线。

5 接着向后跳回，重复跳跃，完成规定的次数。

41

灵敏协调 ｜ 对侧前后手碰脚

目标肌群
髋部肌群
小腿三头肌

扫描二维码
看动作视频

1　直立，双脚间距略大于肩宽，双臂自然垂于身体两侧，保持腹部收紧。

2　屈髋屈膝经体前抬一侧腿，并用对侧手与脚触碰，同时支撑腿做一个垫步动作。

3　抬起腿落地垫步的同时换另一侧完成该动作。

4　然后向后屈膝并用对侧手向后与脚触碰，同时支撑腿做一个垫步动作。

5　接着抬起腿落地垫步的同时换另一侧完成身后手碰脚的动作，至此完成一次完整动作。重复上述步骤，完成规定的次数。

灵敏协调 | 屈髋外展跳

目标肌群
髋部肌群
小腿三头肌

扫描二维码
看动作视频

双手扶髋

1️⃣ 直立，双脚间距略小于肩宽，双手扶髋。

2️⃣ 屈髋屈膝向上抬一侧腿。

3️⃣ 抬起腿向外侧展髋的同时，支撑腿做一个垫步动作。

4️⃣ 接着抬起腿落地垫步的同时，换另一侧完成展髋动作。双腿交替进行，完成规定的次数。

向外侧展髋

向外侧展髋

灵敏协调 | 对侧肘碰膝垫步跳

目标肌群
肩部肌群
髋部肌群
小腿三头肌

扫描二维码
看动作视频

腹部收紧

肘碰触对侧膝

原地垫步

1　直立，双脚间距略小于肩宽，双臂
　　自然垂于身体两侧。

2　屈髋屈膝抬一侧腿，并用对侧手肘
　　碰触抬起腿的膝部，同时支撑腿快
　　速做一个原地垫步动作。

3　抬起腿落地垫步的同时换另一侧腿
　　抬起并用对侧手肘触碰膝部。双腿
　　交替进行，完成规定的次数。

灵敏协调 | 踝关节八字跳

目标肌群
髋部肌群
小腿三头肌

扫描二维码
看动作视频

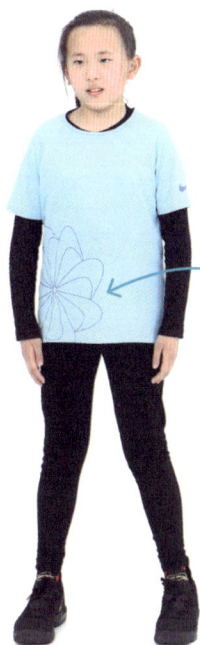

腹部收紧

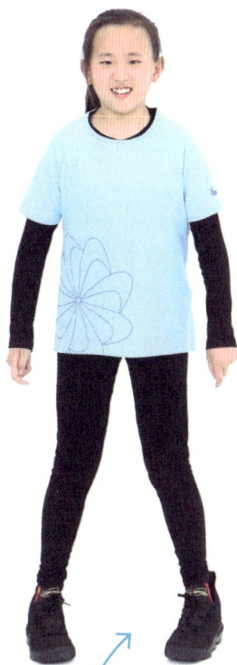

呈内八字

呈外八字

1 直立，双脚间距约与肩同宽，双臂自然垂于身体两侧。

2 双脚脚跟向外展呈内八字并向一侧跳动。

3 接着脚尖外展呈外八字并向同侧跳动，完成一次动作。重复八字跳动，完成规定的次数。

灵敏协调 | 踝关节平行跳

目标肌群
髋部肌群
小腿三头肌
腹肌

扫描二维码
看动作视频

1 直立，双脚间距约与肩同宽，双臂自然垂于身体两侧。

2 保持双脚距离不变，双脚平行，脚尖朝向一侧跳动。

3 接着保持双脚平行，脚跟朝向同侧跳动。重复平行跳动，完成规定的次数。

灵敏协调 | 蜜蜂式

扫描二维码
看动作视频

①

手臂伸直

1 呈完全下蹲姿势，双臂伸直打开，在身体两侧呈一条直线。

2 快速向下挥动双臂，并保持双臂完全伸直。

3 接着快速向上挥动双臂。重复上下挥动双臂，完成规定的次数。

②

快速向下挥动双臂

③

快速向上
挥动手臂

47

灵敏协调 | 恐龙步

扫描二维码
看动作视频

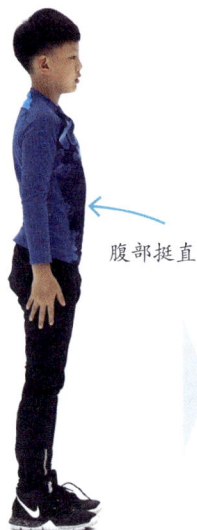

腹部挺直

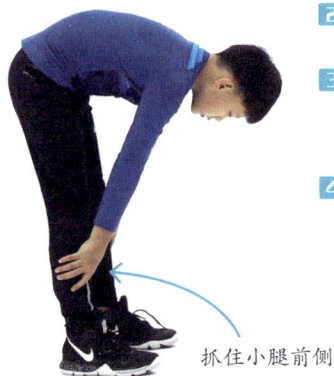

抓住小腿前侧

1 直立，双脚间距约与肩同宽，双臂自然垂于身体两侧。

2 俯身，双手抓住小腿前侧。

3 保持双手抓住小腿的同时，向前迈一侧腿。

4 接着另一侧腿跟上向前迈，双腿交替前进，完成规定的次数。

向前迈

向前迈

灵敏协调 | 圆木滚

目标肌群
核心肌群

1 俯卧，双臂伸直，双手在头部上方合十。双
   腿伸直，双脚并拢。

2 保持腹部收紧，向身体一侧滚动。

3 连续滚动，完成规定的次数。

扫描二维码
看动作视频

①

双手合十

双腿伸直

②

保持腹部收紧

③

49

灵敏协调 ｜ 驴踢

目标肌群
肩部肌群
核心肌群
大腿后侧肌群

扫描二维码
看动作视频

1

双腿微屈

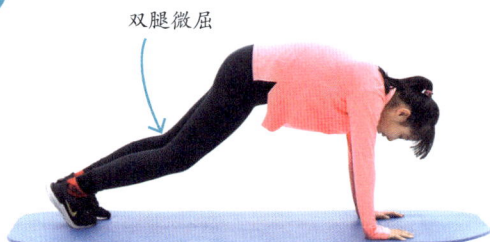

2

尽量向更高处踢

保持腹部收紧

1 呈四点支撑姿势（双手和双脚脚尖着地）。双臂伸直，双手分开约与肩同宽，触地支撑。双腿微屈，双脚脚尖着地。身体重心移向双手。

2 保持腹部收紧，身体重心进一步前移，双脚蹬地依次离开地面，向上踢。

3 双腿微屈，依次轻轻落地，换双脚离地顺序重复向上踢腿的动作，完成规定的次数。

3

3.3 平衡能力练习

目标肌群
臀肌
股四头肌

平衡 │ **搭档座椅平衡**

扫描二维码
看动作视频

手拉手

1 两人面对面站立，两人相距约一个半手臂的距离，手拉手。

2 保持拉手状态，同时屈髋屈膝，向后坐，使两人双臂完全伸直，大腿约与地面平行。回到起始姿势，完成规定的次数。

手臂伸直

大腿约与地面平行

51

平衡 │ 搭档 V 字后倾

目标肌群
肱二头肌
肱三头肌
肩部肌群

扫描二维码
看动作视频

① 两人面对面站立，两人脚尖几乎相接触，手拉手。

② 保持拉手状态，身体挺直，腹部收紧，两人同时慢慢后倾，至两人双臂完全伸直。回到起始姿势，完成规定的次数。

脚尖几乎相接触

手臂伸直

腹部收紧

平衡 ｜ 搭档坐下起立

目标肌群
肱二头肌
腿部肌群

扫描二维码
看动作视频

①

脚尖相互接触

②

1. 两人面对面，手拉手坐在地面上，脚尖相互接触。

2. 保持拉手状态，同时起立站起。回到起始姿势，完成规定的次数。

同时起立站起

3.4 力量素质练习

力量 | **站姿基本弯举**

目标肌群
肱二头肌
肱肌

扫描二维码
看动作视频

①

掌心向前

1. 直立，双脚间距约与肩同宽。双手各握一只哑铃（可用矿泉水瓶代替），垂在身体两侧，掌心向前。

2. 上臂紧贴身体，屈臂，使哑铃最大限度地靠近双肩。停留一下，回到起始姿势，完成规定的次数。

②

上臂紧贴身体

力量 ｜ 站姿颈后臂屈伸

目标肌群
肱三头肌

①

双臂伸直

扫描二维码
看动作视频

１　直立，双脚间距约与肩同宽。双手握一只
　　哑铃（可用矿泉水瓶代替），双臂伸直将哑
　　铃举于头上。

２　屈曲肘关节，使前臂低于水平位置。停留一
　　下，回到起始姿势，完成规定的次数。

②

肘部不要过于外展

力量 | 站姿耸肩

目标肌群
斜方肌
颈部肌肉

扫描二维码
看动作视频

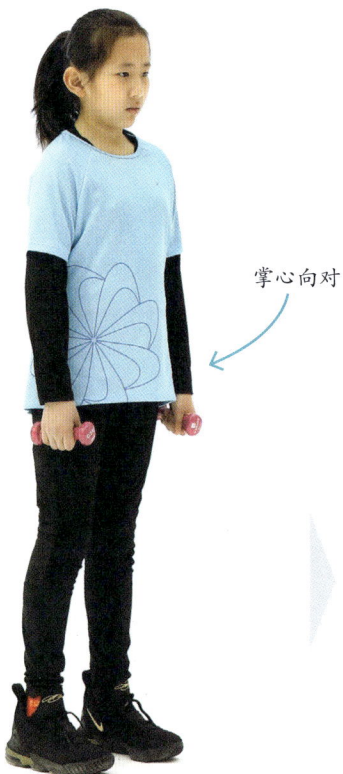

掌心向对

1 直立，双脚间距约与肩同宽。双手各握一只哑铃（可用矿泉水瓶代替）垂在身体两侧，掌心相对。

2 同时向上耸肩，然后回到起始姿势，完成规定的次数。

两肩同时

力量 ┃ 俯卧撑

1 呈四点支撑的俯撑姿势（双手和双脚脚尖着地）。双臂伸直，双手距离略比肩宽，保持身体在一条直线上。

2 屈肘，使身体下落至胸部几乎碰到地面。快速推起身体，回到起始姿势，完成规定的次数。

扫描二维码
看动作视频

1

身体呈一条直线

腹部收紧

2

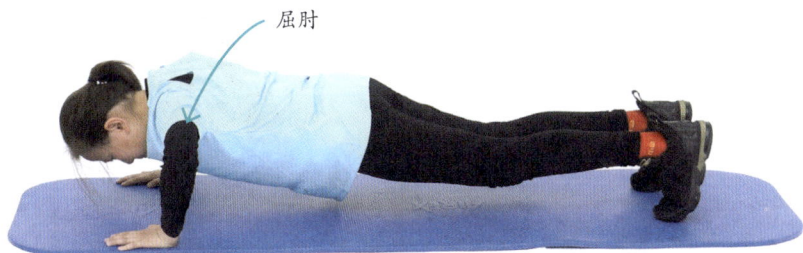

屈肘

力量 ｜ 跪姿俯卧撑

1 呈四点支撑的俯撑姿势（双手和双膝着地）。双臂伸直，双手距离略比肩宽。双腿屈膝触地，双脚离地，保持身体从头到膝部在一条直线上。

2 屈肘，使身体下落至胸部几乎碰到地面。快速推起身体，回到起始姿势，完成规定的次数。

目标肌群
胸大肌
三角肌前束
肱三头肌

扫描二维码
看动作视频

1

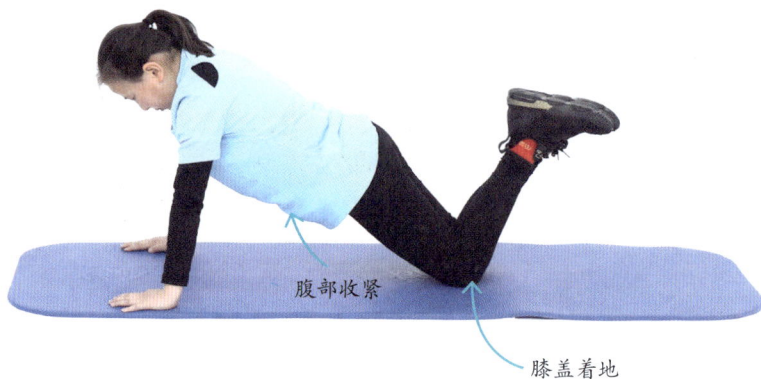

腹部收紧

膝盖着地

2

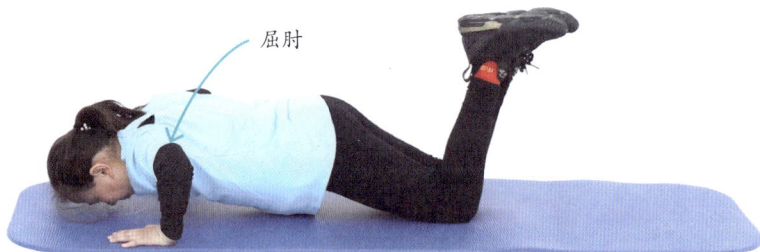

屈肘

力量 ｜ 仰卧同侧交替手摸脚跟

扫描二维码
看动作视频

①

双腿屈膝

1 仰卧，双臂伸直自然放于身体两侧，双腿屈膝，双脚着地。

2 微抬起头部的同时屈髋卷腹使上背部离开地面，同时伸一侧手碰触同侧脚跟。

3 接着换另一侧重复手碰触同侧脚跟的动作，两侧交替进行，完成规定的次数。

②

上背部离开地面

③

手碰触同侧脚跟

力量 | 仰卧剪刀腿交叉

目标肌群
腹部肌群
髋部肌群

扫描二维码
看动作视频

1

1 仰卧，双腿伸直并拢，双臂伸直自然放于身体两侧。

2 保持腹部收紧，屈髋使双腿分开并离开地面至双腿与地面约呈30度。

3 双腿悬空并交替上下交叉呈剪刀状，完成规定的次数。

2

双腿分开并与地面约呈30度

3

双腿上下交叉

保持悬空

力量│俯卧上身抬起

目标肌群
竖脊肌
斜方肌
菱形肌

1 俯卧，双臂伸直自然放于身体两
侧，双腿伸直。

2 保持臀部收紧，后背部发力使肩
部抬离地面。回到起始姿势，完
成规定的次数。

扫描二维码
看动作视频

①

双腿伸直

②

肩部抬离地面

臀部收紧

61

力量 │ **俯卧划臂**

1 俯卧，躯干和大腿贴地，双臂沿耳朵向前伸直贴地。双腿伸直，脚尖着地。

2 保持腹部收紧，双臂向后打开伸展的同时，肩部与双腿抬起。回到起始姿势，完成规定的次数。

扫描二维码
看动作视频

双腿伸直

大腿贴地

双臂向后伸展

肩部向上抬起

双腿向上抬起

力量 | 跪撑肘膝触碰

目标肌群
核心肌群
髋部肌群

1 呈双手双膝触地跪姿，双臂伸直，双手触地支撑。双腿屈髋屈膝跪于地面，保持双膝位于髋部正下方。

2 抬一侧手臂沿耳朵向前伸直，至大约与地面平行，同时向后蹬直对侧腿至大约与地面平行。

3 保持支撑手和腿的稳定，非支撑侧屈肘屈膝，让肘部碰触到膝部。回到起始姿势，重复步骤2和步骤3，完成规定的次数然后换对侧进行。

扫描二维码
看动作视频

① 背部挺直
腹部收紧
位于髋部正下方

② 大约与地面平行
大约与地面平行

③ 肘部触碰膝部

力量 | 徒手蹲

目标肌群
股四头肌
臀肌
腘绳肌

1 直立，双脚间距约与肩同宽。挺胸收腹，下颌微收，双臂伸直做前平举。

2 屈髋屈膝下蹲，至大腿与地面大致平行。回到起始姿势，完成规定的次数。

扫描二维码
看动作视频

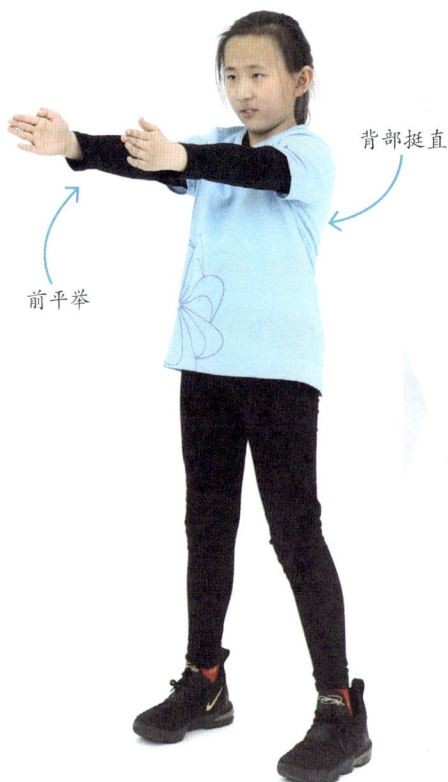

背部挺直

前平举

膝盖不要内扣，
且不超过脚尖

力量 ｜ 相扑式徒手蹲

1 直立，双脚间距略大于肩宽，挺胸收腹，下颌微收，双手
自然垂于身体前侧。

2 屈髋屈膝下蹲，至大腿与地面平行。快速站起，回到起始
姿势，完成规定的次数。

目标肌群
股四头肌
臀肌
腘绳肌
腓肠肌
比目鱼肌

扫描二维码
看动作视频

背部挺直

大腿与地面平行

膝盖不超过脚尖

力量 | 侧卧直膝髋外展

1 侧卧，触地侧手臂弯曲置于头部下方，非触地侧手扶髋部，双腿伸直，双脚并拢，脚尖勾起。

2 腹部和臀部收紧，髋部外侧肌群发力使非触地侧的腿抬起，并保持1~2秒。回到起始姿势，完成规定的次数。换另一侧进行。

扫描二维码
看动作视频

①

双腿伸直

手扶髋部

②

向上抬起

力量 | 提踵

目标肌群
小腿三头肌
踝部肌群

1 直立，双腿伸直，双脚间距小于肩宽，双臂自然垂于身体两侧。

2 双脚脚跟抬离地面，脚尖着地，重心移向前脚掌。回到起始姿势，完成规定的次数。

扫描二维码
看动作视频

脚尖着地

3.5 心肺耐力练习

目标肌群
下肢肌群

心肺耐力 │ 开合跳

扫描二维码
看动作视频

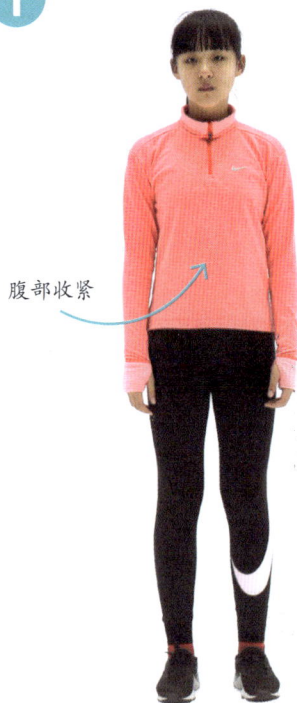

1 直立，双腿间距略小于肩宽。双臂伸直自然放于身体两侧，目视前方。

2 双腿蹬地发力向上跳起，双臂伸直向头顶上方打开至双手轻轻触碰。同时双腿打开。下落的同时，双臂下摆，双脚靠拢，完成规定的次数或时间。

腹部收紧

向上跳起

心肺耐力 | 原地慢跑

目标肌群
髋部肌群
股四头肌
小腿三头肌

扫描二维码
看动作视频

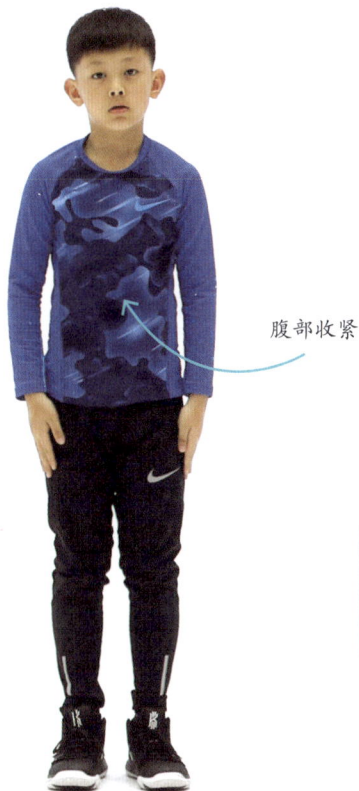

腹部收紧

自然前后
摆动

原地跑

1️⃣ 直立，双脚间距约与肩同宽，目视前方。

2️⃣ 按照节奏进行原地跑动，同时自然前后摆动双
臂，保持身体协调。完成规定的时间。

心肺耐力 | 波比跳

目标肌群
核心肌群
下肢肌群

扫描二维码
看动作视频

①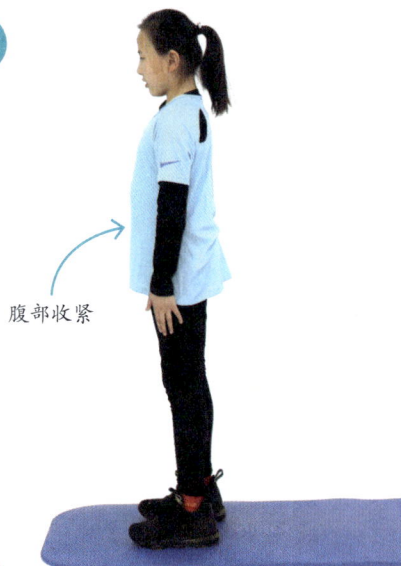

腹部收紧

双手触地

1. 直立，双臂伸直自然放于身体两侧，目视前方。

2. 屈髋屈膝俯身至双手在肩部正下方触地。

3. 双臂伸直，双手全手掌触地支撑，伸髋伸膝，双脚同时向后跳，使头部、躯干、双腿在一条直线上。

②

③

头部、躯干、双腿呈
一条直线

双臂伸直

4 接着屈髋屈膝将双脚跳回。

5 起身跳起，同时双臂向上伸展至双手在
头顶上方轻轻触碰。落地后，重复以上
步骤，成规定的次数或时间。

双腿跳回

起身跳起

心肺耐力 | 弓步跳

目标肌群

股四头肌
臀肌
腘绳肌
腓肠肌
比目鱼肌

扫描二维码
看动作视频

大腿与地面接
近平行

膝部几乎触地

双臂向上摆动

1 呈弓步姿势，前侧腿的大腿与地面接近平行，后侧腿膝部几乎触地。挺胸收腹，下颌微收，双手自然放在身体两侧。

2 双脚蹬地发力向上跳起，并交换双腿的前后位置，同时双臂向上摆动。

3 双脚呈前后弓步落地，重复以上步骤，完成规定的次数或时间。

心肺耐力 | 向前向后跳

目标肌群
髋部肌群
小腿三头肌

扫描二维码
看动作视频

1 面向标志线（可用其他物品代替），直立站在标志线一侧。

2 双脚蹬地，向前跳过标志线。

3 接着向后跳回。重复向前向后跳，完成规定的次数或时间。

向前跳

向后跳

心肺耐力 | 登山步

目标肌群
核心肌群

扫描二维码
看动作视频

1 呈四点支撑的俯撑姿势（双手和双脚脚尖着地）。保持双手支撑于肩部的正下方，双臂伸直。双脚并拢，脚尖触地支撑。

2 一侧腿屈髋屈膝至髋部下方，然后屈膝腿向后回到起始姿势。

3 换至对侧重复，两侧交替进行，完成规定的次数或时间。

手位于肩部正下方　　腹部收紧　　脚尖撑地

③

向前屈髋屈膝

第 4 章

儿童居家健身后的拉伸

运动后的拉伸活动除了能够缓解肌肉紧张、消除疲劳，还能放松身心，使人心情愉悦。除了要掌握正确的拉伸方法，还需要避免一些拉伸误区。

4.1 拉伸活动的意义

运动后的拉伸活动是必不可少的恢复手段，其意义主要表现在以下 3 个方面。

消除运动疲劳

运动健身过程中会产生乳酸，堆积的乳酸促使肌肉产生酸痛感，而运动后的拉伸促进了血液循环，可以有效消除乳酸，减轻肌肉酸痛，消除疲劳。同时，有效的拉伸可以减轻肌肉紧绷的程度，增加肌肉的弹性和收缩能力，促进运动后肌肉的恢复，防止肌肉在疲劳状态下再度工作而导致肌肉损伤。

强化运动效果

运动后的拉伸活动可以进一步提高身体柔韧性，增加关节的活动范围和灵活性，这有助于促进其他身体素质（如灵敏素质、协调素质和速度素质）的协调发展，强化运动效果，提高身体的运动适应能力。

增强运动愉悦感

积极的拉伸可以有效地缓解疲劳，释放肌肉紧绷产生的压力，由此带来的舒适感使人身心放松，舒心愉悦，也同时提高了儿童运动的积极性和持久性。

4.2 拉伸活动的注意事项

拉伸活动可以产生良好的拉伸效果，但需要注意以下 3 个方面。

安全性

如果不注意科学的方法，拉伸活动极易造成肌肉拉伤。运动后的拉伸以静态拉伸为主。拉伸过程中，不能过度用力，尤其是在被动拉伸时，外力的施加要匀速、缓慢，注意观察儿童的练习反应，合理地加力与减力，控制动作幅度和施力时间，以保证拉伸活动的安全。

适度性

拉伸活动要根据儿童的柔韧素质的发展水平逐渐增加练习负荷，注意性别差异和个体差异，调整合适的练习持续时间和组数，以防止肌肉拉伤。

渐进性

人体生理机能的适应与提高是一个循序渐进的过程。如果长时间维持一种运动强度，不能使现有的机能水平提高，但如果突然进行一次高强度、长时间的运动，则会超出能力范围，易导致损伤的发生，同时还会造成运动的抵触心理，影响儿童身心健康的发展。因此，儿童居家健身的各个环节（不仅仅是拉伸活动）都应该以适应身体发育特点为出发点，根据由易到难、由简到繁、由局部到全身的方式设置练习动作，渐进式增加练习负荷和练习量，使儿童的身体素质和运动能力逐渐提高。

4.3 拉伸练习

目标肌群
肱三头肌

拉伸 | **手臂后伸屈肘后推**

扫描二维码
看动作视频

腹部收紧

1️⃣ 直立，双脚间距小于肩宽，腹部收紧，挺胸抬头，目视前方。

2️⃣ 右臂屈肘举至肩部上方。

3️⃣ 左手托在右肘外侧推动右臂，直至肱三头肌有中等程度的拉伸感。保持拉伸动作，直至达到规定的时间，对侧亦然。

屈肘

向后推右臂

79

拉伸 | 90-90 度牵拉

目标肌群
斜方肌
肩部肌群
胸肌

1️⃣ 左侧卧，髋关节伸直（或屈髋呈90度），双腿屈膝呈90度；背部挺直，双臂伸直，双手合十。

2️⃣ 下肢与髋关节保持稳定，以胸椎为轴，右臂绕过头部向身体后方展开，头部随手转动。

3️⃣ 右臂、头部继续右转，目视右手方向，直至双臂在身体两侧打开，躯干前部有中等程度的拉伸感，拉伸动作持续2秒左右，回到起始姿势，完成规定的次数后换至对侧进行。

扫描二维码
看动作视频

① 双臂伸直

② 下肢和髋关节保持稳定

③ 目视右手方向

拉伸 | 卧式脊椎扭转

目标肌群
背阔肌
胸肌
臀肌

1 仰卧，弯曲双膝，双脚着地，双臂在身体两侧展开平放在地面上，掌心朝下。

2 将髋部和双膝最大限度地向身体一侧扭转，同时头向对侧旋转至目标肌群有中等程度的拉伸感，拉伸动作持续2秒左右。

3 回到起始姿势，换至对侧重复以上步骤。两侧交替直至完成规定的次数。

扫描二维码
看动作视频

① 颈部和肩部放松

② 转动时双腿并拢

③ 头部和腿部方向相反

拉伸 | 跪撑胸椎旋转

扫描二维码
看动作视频

① 背部挺直

② 旋转至左肘触及右臂

③ 目视上方

1 呈俯身跪姿，右臂伸直，右手撑地，指尖朝前；左臂屈肘，左手抬起置于左耳侧；背部挺直，与地面基本平行；目视地面。

2 下肢与髋关节保持稳定，以胸椎为轴，头部与躯干向右下方旋转，直至左肘触及右臂。

3 头部与躯干再向左上方旋转，直至躯干前部有中等程度的拉伸感；同时目视左上方，拉伸动作持续2秒左右。回到起始姿势，换至对侧进行，完成规定的次数。

拉伸 | 动态胸部扩张

目标肌群
胸肌

1 直立，双脚间距约与肩同宽，腹部收紧，挺胸抬头，
目视前方。

2 双臂屈肘，双手交叉置于脑后。

3 双肘向后移动，直至胸肌有中等程度的拉伸感，拉伸
动作持续2秒左右。双肘向前移动恢复至步骤2的姿
势。重复双肘前后移动的动作，完成规定的次数。

扫描二维码
看动作视频

1

2

双手交叉置于脑后

3

向后移动

腹部收紧

拉伸 | 动态眼镜蛇式

目标肌群
腹肌

扫描二维码
看动作视频

1 俯卧，双臂屈肘置于胸部下方，双手与前臂触地支撑起躯干。

2 下肢不动，双臂伸直，将躯干进一步推离地面，目视前方，直至腹肌有中等程度的拉伸感。回到起始姿势，完成规定的次数或时间。

① 支撑躯干

② 伸直手臂

腹部有拉伸感

多角度图

拉伸 | 半跪姿股四头肌拉伸

目标肌群
股四头肌
屈髋肌群

1️⃣ 身体呈前后腿半跪姿势；左腿在前，屈膝呈90度；右腿在后，右膝着地，右手握住右脚脚踝，背部挺直。

2️⃣ 右手尽量将右脚拉向右侧臀部，身体慢慢前倾，直至右腿股四头肌和屈髋肌群有中等程度的拉伸感，保持拉伸动作，直至达到规定时间。对侧亦然。

右手握住右脚脚踝

躯干慢慢前倾

拉伸 | 单腿屈髋

目标肌群
腘绳肌

1️⃣ 左脚在前、右脚在后站立；左脚脚跟撑地，左腿尽量伸直；右腿微屈膝支撑身体，双手置于左腿膝关节上方。

2️⃣ 腿部不动，进一步俯身直至腘绳肌有中等程度的拉伸感。保持拉伸动作，直至达到规定的时间，对侧亦然。

扫描二维码
看动作视频

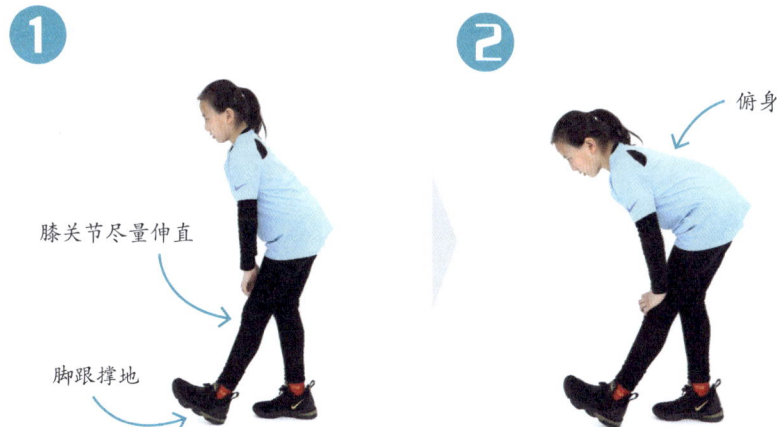

膝关节尽量伸直

脚跟撑地

俯身

第5章

儿童居家健身方案

　　本章提供了 11 个适合儿童居家进行的健身方案，既有针对儿童柔韧素质、灵敏协调素质、力量素质、心肺耐力等身体素质的提升方案，又有帮助儿童拥有挺拔身姿、减脂塑形的健身方案。方案分为基础版和进阶版，可供有不同健身需求的儿童进行选择。

5.1 提升柔韧素质的健身方案（基础版）

A 双脚前后跳
P17

B 双脚左右跳
P18

C 原地军步走
P21

D 振臂跳
P23

E 对侧前后手碰脚
P42

F 猫狗式
P29

G 仰卧式双膝紧抱
P30

H 后交叉弓步
P33

I 三角式
P35

J 四肢走
P37

K 股四头肌
行进拉伸
P31

L 燕式平衡
P36

M 90-90 度牵拉
P80

N 手臂后伸屈肘后推
P79

O 动态胸部扩张
P83

P 卧式脊椎扭转
P81

热身练习	柔韧素质练习	拉伸练习
Ⓐ 2组,15秒/组,间隔10秒—**中速**	Ⓕ 2组,15次/组,间隔0秒—**慢速**	Ⓜ 2组,左右各10次/组,间隔0秒—**慢速**
Ⓑ 2组,10~15秒/组,间隔10秒—**中速**	Ⓖ 2组,15次/组,间隔0秒—**慢速**	Ⓝ 2组,左右各15次/组,间隔0秒—**慢速**
Ⓒ 1组,45秒/组,间隔10秒—**中速**	Ⓗ 2组,左右各15次/组,间隔0秒—**慢速**	Ⓞ 2组,15次/组,间隔0秒—**慢速**
Ⓓ 2组,左右各8~12次/组,间隔10秒—**中速**	Ⓘ 2组,左右各15秒/组,间隔0秒—**慢速**	Ⓟ 2组,左右各15次/组,间隔0秒—**慢速**
Ⓔ 2组,6~10次/组,间隔10秒—**中速**	Ⓙ 2组,15秒/组,间隔10秒—**中速**	
	Ⓚ 2组,左右各15次,间隔0秒—**慢速**	
	Ⓛ 2组,左右各15次/组,间隔0秒—**慢速**	

5.2 提升柔韧素质的健身方案（进阶版）

A 双脚前后交替跳
P20

B 2 英寸碎步跑
P19

C 振臂跳
P23

D 对侧肘碰膝垫步跳
P44

E 对侧前后手碰脚
P42

F 猫狗式
P29

G 仰卧式双膝紧抱
P30

H 后交叉弓步
P33

I 三角式
P35

J 四肢走
P37

K 股四头肌
行进拉伸
P31

L 燕式平衡
P36

M 股四头肌和
屈髋肌群拉伸
P40

N 最伟大拉伸
P38

O 手臂后伸屈肘后推
P79

P 动态胸部扩张
P83

Q 卧式脊椎扭转
P81

热身练习	柔韧素质练习	拉伸练习
A 2组,左右各15次/组,间隔10秒—中速	F 2组,20次/组,间隔0秒—慢速	O 2组,左右各20秒/组,间隔0秒—慢速
B 1组,30秒/组,间隔10秒—中速	G 2组,20秒/组,间隔0秒—慢速	P 2组,20次/组,间隔0秒—慢速
C 2组,左右各15次/组,间隔10秒—中速	H 2组,左右各15次/组,间隔0秒—慢速	N 2组,左右各10次/组,间隔0秒—慢速
D 2组,左右各15次/组,间隔10秒—中速	I 2组,左右各20秒/组,间隔0秒—慢速	Q 2组,左右各10次/组,间隔0秒—慢速
E 2组,6~10次/组,间隔10秒—中速	J 2组,20秒/组,间隔10秒—中速	
	K 2组,左右各10次/组,间隔0秒—慢速	
	L 2组,左右各10次/组,间隔0秒—慢速	
	M 2组,左右各10次/组,间隔0秒—慢速	
	N 2组,左右各10次/组,间隔0秒—慢速	

5.3 提升灵敏协调素质的健身方案（基础版）

A 双脚前后跳
P17

B 双脚左右跳
P18

C 对侧前后手碰脚
P42

D 原地军步走
P21

E 振臂跳
P23

F 左右前后跳
P41

G 屈髋外展跳
P43

H 垫步直腿跳
P22

I 踝关节八字跳
P45

J 蜜蜂式
P47

K 恐龙步
P48

L 圆木滚
P49

M 90-90 度牵拉
P80

N 手臂后伸屈肘后推
P79

O 动态胸部扩张
P83

P 卧式脊椎扭转
P81

Q 股四头肌和屈髋肌群拉伸
P40

R 单腿屈髋
P85

热身练习	灵敏协调素质练习	拉伸练习
Ⓐ 2组,15秒/组,间隔10秒—**中速**	Ⓕ 2组,每个方向8~12次/组,间隔30秒—**快速**	Ⓜ 2组,左右各10次/组,间隔0秒—**慢速**
Ⓑ 2组,10~15秒/组,间隔10秒—**中速**	Ⓒ 2组,6~10次/组,间隔30秒—**快速**	Ⓝ 2组,左右各20秒/组,间隔0秒—**慢速**
Ⓒ 2组,6~10次/组,间隔10秒—**中速**	Ⓖ 2组,左右各5次/组,间隔30秒—**快速**	Ⓞ 2组,15次/组,间隔0秒—**慢速**
Ⓓ 2组,30秒/组,间隔10秒—**中速**	Ⓗ 2组,左右各8~12次/组,间隔30秒—**快速**	Ⓟ 2组,左右各10次/组,间隔0秒—**慢速**
Ⓔ 2组,左右各8~12次/组,间隔10秒—**中速**	Ⓘ 2组,8~12次/组,间隔30秒—**快速**	Ⓠ 2组,左右各10次/组,间隔0秒—**慢速**
	Ⓙ 2组,8~12次/组,间隔30秒—**快速**	Ⓡ 2组,左右各20秒/组,间隔0秒—**慢速**
	Ⓚ 2组,左右各8~12次/组,间隔30秒—**快速**	
	Ⓛ 2组,左右各5次/组,间隔30秒—**中速**	

5.4 提升灵敏协调素质的健身方案（进阶版）

A 2 英寸碎步跑
P19

B 对侧前后手碰脚
P42

C 垫步直腿跳
P22

D 双脚前后交替跳
P20

E 振臂跳
P23

F 左右前后跳
P41

G 屈髋外展跳
P43

H 踝关节八字跳
P45

I 踝关节平行跳
P46

J 蜜蜂式
P47

K 恐龙步
P48

L 圆木滚
P49

Ⓜ 驴踢
P50

Ⓝ 90-90 度牵拉
P80

Ⓞ 股四头肌和屈髋肌群拉伸
P40

Ⓟ 单腿屈髋
P85

Ⓠ 动态胸部扩张
P83

Ⓡ 最伟大拉伸
P38

热身练习	灵敏协调素质练习	拉伸练习
Ⓐ 1组，45秒/组，间隔10秒—中速	Ⓕ 2组，每个方向12~15次/组，间隔30秒—快速	Ⓝ 2组，左右各10次/组，间隔0秒—慢速
Ⓑ 2组，6~10次/组，间隔10秒—中速	Ⓑ 2组，6~10次/组，间隔30秒—快速	Ⓞ 2组，左右各10次/组，间隔0秒—慢速
Ⓒ 2组，左右各15次/组，间隔10秒—中速	Ⓔ 2组，左右各12~15次/组，间隔30秒—快速	Ⓟ 2组/左右各20秒/组，间隔0秒—慢速
Ⓓ 2组，左右各15次/组，间隔10秒—中速	Ⓖ 2组，左右各10次/组，间隔30秒—快速	Ⓠ 2组，15次/组，间隔0秒—慢速
Ⓔ 2组，左右各15次/组，间隔10秒—中速	Ⓒ 2组，左右各12~15次/组，间隔30秒—快速	Ⓡ 2组，左右各10次/组，间隔0秒—慢速
	Ⓗ 2组，12~15次/组，间隔30秒—快速	
	Ⓘ 2组，12~15次/组，间隔30秒—快速	
	Ⓙ 2组，12~15次/组，间隔30秒—快速	
	Ⓚ 2组，左右各12~15次/组，间隔30秒—快速	
	Ⓛ 2组，左右各10次/组，间隔30秒—中速	
	Ⓜ 2组，左右各10次/组，间隔30秒—中速	

5.5 提升力量素质的健身方案（基础版）

A 2 英寸碎步跑
P19

B 振臂跳
P23

C 双脚前后跳
P17

D 双脚左右跳
P18

E 对侧前后手碰脚
P42

F 垫步直腿跳
P22

G 站姿基本弯举
P54

H 站姿颈后臂屈伸
P55

I 俯卧撑
P57

J 仰卧同侧交替手摸脚跟 P59

K 俯卧上身抬起
P61

L 徒手蹲
P64

M 侧卧直膝髋外展
P66

N 提踵
P67

O 90-90 度牵拉
P80

P 手臂后伸屈肘后推
P79

Q 动态胸部扩张
P83

R 最伟大拉伸
P38

S 动态眼镜蛇式
P84

热身练习	力量素质练习	拉伸练习
Ⓐ 1组,30秒/组,间隔10秒—**中速**	Ⓖ 2组,8~12次/组,间隔20秒—**中~快速**	Ⓞ 2组,左右各10次/组,间隔0秒—**慢速**
Ⓑ 2组,左右各8~12次/组,间隔10秒—**中速**	Ⓗ 2组,8~12次/组,间隔20秒—**中~快速**	Ⓟ 2组,左右各20秒/组,间隔0秒—**慢速**
Ⓒ 2组,15秒/组,间隔10秒—**中速**	Ⓘ 1组,8~12次/组,间隔20秒—**中~快速**	Ⓠ 2组,15次/组,间隔0秒—**慢速**
Ⓓ 2组,10~15秒/组,间隔10秒—**中速**	Ⓙ 2组,左右各8次/组,间隔20秒—**中~快速**	Ⓡ 2组,左右各10次/组,间隔0秒—**慢速**
Ⓔ 2组,6~10次/组,间隔10秒—**中速**	Ⓚ 2组,8次/组,间隔20秒—**中~快速**	Ⓢ 2组,20秒/组,间隔0秒—**慢速**
Ⓕ 2组,左右各8~12次/组,间隔10秒—**中速**	Ⓛ 2组,8~12次/组,间隔20秒—**中~快速**	
	Ⓜ 2组,左右各8次/组,间隔20秒—**中~快速**	
	Ⓝ 2组,8~12次/组,间隔20秒—**中~快速**	

5.6 提升力量素质的健身方案（进阶版）

A 2 英寸碎步跑 P19	**B** 振臂跳 P23	**C** 双脚前后交替跳 P20
D 垫步直腿跳 P22	**E** 对侧前后手碰脚 P42	**F** 站姿基本弯举 P54
G 站姿颈后臂屈伸 P55	**H** 站姿耸肩 P56	**I** 俯卧撑 P57
J 仰卧剪刀腿交叉 P60	**K** 俯卧划臂 P62	**L** 跪撑肘膝触碰 P63
M 徒手蹲 P64	**N** 提踵 P67	**O** 90-90 度牵拉 P80

℗	动态胸部扩张 P83
ⓠ	最伟大拉伸 P38
ⓡ	股四头肌和屈髋肌群拉伸 P40
ⓢ	单腿屈髋 P85
ⓣ	卧式脊椎扭转 P81
ⓤ	动态眼镜蛇式 P84
ⓥ	后交叉弓步 P33

热身练习	力量素质练习	拉伸练习
Ⓐ 1组,45秒/组,间隔10秒—**中速**	Ⓕ 2组,12~15次/组,间隔20秒—**中~快速**	Ⓞ 2组,左右各15次/组,间隔0秒—**慢速**
Ⓑ 2组,左右各15次/组,间隔10秒—**中速**	Ⓖ 2组,12~15次/组,间隔20秒—**中~快速**	Ⓟ 2组,15次/组,间隔0秒—**慢速**
Ⓒ 2组,左右各15次/组,间隔10秒—**中速**	Ⓗ 2组,12~15次/组,间隔20秒—**中~快速**	Ⓠ 2组,左右各10次/组,间隔0秒—**慢速**
Ⓓ 2组,左右各15次/组,间隔10秒—**中速**	Ⓘ 2组,12~15次/组,间隔20秒—**中~快速**	Ⓡ 2组,左右各20秒/组,间隔0秒—**慢速**
Ⓔ 2组,6~10次/组,间隔10秒—**中速**	Ⓙ 2组,左右各8~12次/组,间隔20秒—**中~快速**	Ⓢ 2组,左右各20秒/组,间隔0秒—**慢速**
	Ⓚ 2组,8~12次/组,间隔20秒—**中~快速**	Ⓣ 2组,左右各10次/组,间隔0秒—**慢速**
	Ⓛ 2组,左右各12~15次/组,间隔20秒—**中~快速**	Ⓤ 2组,20秒/组,间隔0秒—**慢速**
	Ⓜ 2组,12~15次/组,间隔20秒—**中~快速**	Ⓥ 2组,左右各15次/组,间隔0秒—**慢速**
	Ⓝ 2组,12~15次/组,间隔20秒—**中~快速**	

5.7 提升心肺耐力的健身方案（基础版）

| A 双脚前后跳 P17 | B 双脚左右跳 P18 | C 2 英寸碎步跑 P19 |

| D 垫步直腿跳 P22 | E 振臂跳 P23 | F 原地慢跑 P69 |

| G 弓步跳 P72 | H 向前向后跳 P73 | I 登山步 P74 |

| J 开合跳 P68 | K 动态胸部扩张 P83 | L 后交叉弓步 P33 |

Ⓜ 动态眼镜蛇式
P84

Ⓝ 股四头肌和屈髋肌
群拉伸
P40

Ⓞ 四肢走
P37

热身练习	心肺耐力练习	拉伸练习
Ⓐ 2组,15秒/组,间隔10秒—中速	Ⓕ 2组,15~20秒/组,间隔10秒—中速	Ⓚ 2组,20次/组,间隔0秒—慢速
Ⓑ 2组,10~15秒/组,间隔10秒—中速	Ⓖ 2组,15~20秒/组,间隔10秒—中速	Ⓛ 2组,左右各15次/组,间隔0秒—慢速
Ⓒ 1组,30秒/组,间隔10秒—中速	Ⓗ 2组,20秒/组,间隔10秒—中速	Ⓜ 2组,20秒/组,间隔0秒—慢速
Ⓓ 2组,左右各8~12次/组,间隔10秒—中速	Ⓘ 2组,15~20秒/组,间隔10秒—中速	Ⓝ 2组,左右各10次/组,间隔0秒—慢速
Ⓔ 2组,左右各8~12次/组,间隔10秒—中速	Ⓔ 2组,15~20秒/组,间隔10秒—中速	Ⓞ 2组,20秒/组,间隔0秒—慢速
	Ⓙ 2组,15~20秒/组,间隔10秒—中速	

5.8 提升心肺耐力的健身方案（进阶版）

A 振臂跳
P23

B 对侧肘碰膝垫步跳
P44

C 2 英寸碎步跑
P19

D 垫步直腿跳
P22

E 双脚前后交替跳
P20

F 原地慢跑
P69

G 弓步跳
P72

H 向前向后跳
P73

I 开合跳
P68

J 登山步
P74

K 波比跳
P70

L 90-90 度牵拉
P80

M 动态眼镜蛇式 P84	
N 最伟大拉伸 P38	
O 后交叉弓步 P33	

P 卧式脊椎扭转 P81

热身练习	心肺耐力练习	拉伸练习
A 2组,左右各15次/组,间隔10秒—**中速**	**F** 1组,1分钟/组,间隔10秒—**中速**	**L** 2组,左右各10次/组,间隔0秒—**慢速**
B 2组,左右各15次/组,间隔10秒—**中速**	**A** 2组,左右各15次/组,间隔15秒—**中速**	**M** 2组,20秒/组,间隔0秒—**慢速**
C 1组,45秒/组,间隔10秒—**中速**	**G** 2组,20~25秒/组,间隔10秒—**中速**	**N** 2组,左右各10次/组,间隔0秒—**慢速**
D 2组,左右各15次/组,间隔10秒—**中速**	**H** 2组,20~25秒/组,间隔10秒—**中速**	**O** 2组,左右各15次/组,间隔0秒—**慢速**
E 2组,左右各15次/组,间隔10秒—**中速**	**I** 2组,20~25秒/组,间隔10秒—**中速**	**P** 2组,左右各10次/组,间隔0秒—**慢速**
	J 2组,20~25秒/组,间隔10秒—**中速**	
	K 2组,20~25秒/组,间隔10秒—**中速**	

5.9 减脂塑形健身方案（基础版）

A 双脚前后跳
P17

B 双脚左右跳
P18

C 原地军步走
P21

D 振臂跳
P23

E 对侧前后手碰脚
P42

F 垫步直腿跳
P22

G 原地慢跑
P69

H 跪姿俯卧撑
P58

I 弓步跳
P72

J 俯卧撑
P57

K 徒手蹲
P64

L 开合跳
P68

M 动态胸部扩张
P83

N 股四头肌和屈髋肌
群拉伸
P40

O 90-90 度牵拉
P80

P 动态眼镜蛇式
P84

Q 最伟大拉伸
P38

热身练习	减脂塑形练习	拉伸练习
Ⓐ 2组,15秒/组,间隔10秒—**中速**	Ⓖ 1组,45~60秒/组,间隔10秒—**中速**	Ⓜ 2组,15次/组,间隔0秒—**慢速**
Ⓑ 2组,10~15秒/组,间隔10秒—**中速**	Ⓗ 2组,8~12次/组,间隔10秒—**中速**	Ⓝ 2组,左右各10次/组,间隔0秒—**慢速**
Ⓒ 2组,30~40秒/组,间隔10秒—**中速**	Ⓘ 2组,左右各8~12次/组,间隔10秒—**中速**	Ⓞ 2组,左右各10次/组,间隔0秒—**慢速**
Ⓓ 2组,左右各8~15次/组,间隔10秒—**中速**	Ⓙ 2组,8~12次/组,间隔10秒—**中速**	Ⓟ 2组,20秒/组,间隔0秒—**慢速**
Ⓔ 2组,6~10次/组,间隔10秒—**中速**	Ⓓ 2组,左右各8~12次/组,间隔10秒—**中速**	Ⓠ 2组,左右各10次/组,间隔0秒—**慢速**
Ⓕ 2组,左右各8~15次/组,间隔10秒—**中速**	Ⓚ 2组,8~12次/组,间隔10秒—**中速**	
	Ⓛ 2组,8~12次/组,间隔20秒—**中速**	

5.10 减脂塑形健身方案（进阶版）

A 2 英寸碎步跑
P19

B 对侧前后手碰脚
P42

C 垫步直腿跳
P22

D 双脚前后交替跳
P20

E 振臂跳
P23

F 对侧肘碰膝垫步跳
P44

G 原地慢跑
P69

H 跪姿俯卧撑
P58

I 弓步跳
P72

J 俯卧撑
P57

K 徒手蹲
P64

L 开合跳
P68

M 波比跳
P70

N 动态胸部扩张
P83

O 股四头肌和屈髋肌群拉伸
P40

P 动态眼镜蛇式
P84

Q 卧式脊椎扭转
P81

R 最伟大拉伸
P38

S 四肢走
P37

热身练习	减脂塑形练习	拉伸练习
A 1组, 30~45秒/组, 间隔10秒—**中速**	**G** 1组, 45~60秒/组, 间隔20秒—**快速**	**N** 2组, 15~20次/组, 间隔0秒—**慢速**
B 2组, 6~10次/组, 间隔10秒—**中速**	**H** 2组, 8~15次/组, 间隔20秒—**快速**	**O** 2组, 左右各10次/组, 间隔0秒—**慢速**
C 2组, 左右各8~15次/组, 间隔10秒—**中速**	**I** 2组, 左右各8~15次/组, 间隔20秒—**快速**	**P** 2组, 20秒/组, 间隔0秒—**慢速**
D 2组, 左右各8~15次/组, 间隔10秒—**中速**	**J** 2组, 8~15次/组, 间隔20秒—**快速**	**Q** 2组, 左右各10次/组, 间隔0秒—**慢速**
E 2组, 左右各8~15次/组, 间隔10秒—**中速**	**K** 2组, 8~15次/组, 间隔20秒—**快速**	**R** 2组, 左右各10次/组, 间隔0秒—**慢速**
F 2组, 左右各8~15次/组, 间隔10秒—**中速**	**L** 2组, 8~15次/组, 间隔20秒—**快速**	**S** 2组, 20秒/组, 间隔0秒—**慢速**
	M 2组, 8~15次/组, 间隔20秒—**快速**	

5.11 矫正不良身体姿势的健身方案

A 原地军步走
P21

B 对侧前后手碰脚
P42

C 双脚前后交替跳
P20

D 对侧肘碰膝垫步跳
P44

E 振臂跳
P23

F 动态胸部扩张
P83

G 猫狗式
P29

H 俯卧划臂
P62

I 动态侧向伸展
P32

J 站姿耸肩
P56

K 跪撑肘膝触碰
P63

L 四肢走
P37

Ⓜ 跪撑胸椎旋转
P82

Ⓝ 90-90 度牵拉
P80

Ⓞ 卧式脊椎扭转
P81

Ⓟ 动态眼镜蛇式
P84

热身练习	矫正体姿练习	拉伸练习
Ⓐ 2组，30~45秒/组，间隔10秒—中速	Ⓕ 2组，12~15次/组，间隔10秒—中速	Ⓕ 2组，15次/组，间隔0秒—慢速
Ⓑ 2组，6~10次/组，间隔10秒—中速	Ⓖ 2组，12~15次/组，间隔10秒—中速	Ⓜ 2组，左右各10次/组，间隔0秒—慢速
Ⓒ 2组，左右各15次/组，间隔10秒—中速	Ⓗ 2组，12~15次/组，间隔10秒—中速	Ⓝ 2组，左右各10次/组，间隔0秒—慢速
Ⓓ 2组，左右各8~15次/组，间隔10秒—中速	Ⓘ 2组，左右各12~15次/组，间隔10秒—中速	Ⓞ 2组，左右各10次/组，间隔0秒—慢速
Ⓔ 2组，左右各8~15次/组，间隔10秒—中速	Ⓙ 2组，12~15次/组，间隔10秒—中速	Ⓟ 2组，20秒/组，间隔0秒—慢速
	Ⓚ 2组，左右各12~15次/组，间隔10秒—中速	
	Ⓛ 2组，20秒/组，间隔10秒—中速	